Las aves
de los presidentes

Grace Hansen

Abdo Kids Junior es una
subdivisión de Abdo Kids
abdobooks.com

Abdo
MASCOTAS PRESIDENCIALES
Kids

abdobooks.com

Published by Abdo Kids, a division of ABDO, P.O. Box 398166, Minneapolis, Minnesota 55439. Copyright © 2023 by Abdo Consulting Group, Inc. International copyrights reserved in all countries. No part of this book may be reproduced in any form without written permission from the publisher. Abdo Kids Junior™ is a trademark and logo of Abdo Kids.

Printed in the United States of America, North Mankato, Minnesota.

102022

012023

Spanish Translator: Maria Puchol

Photo Credits: Library of Congress, Shutterstock, ©Thomas Jefferson Foundation at Monticello p9

Production Contributors: Teddy Borth, Jennie Forsberg, Grace Hansen

Design Contributors: Candice Keimig, Pakou Moua

Library of Congress Control Number: 2022939374

Publisher's Cataloging-in-Publication Data

Names: Hansen, Grace, author.

Title: Las aves de los presidentes/ by Grace Hansen.

Other title: Birds of presidents. Spanish

Description: Minneapolis, Minnesota: Abdo Kids, 2023. | Series: Mascotas presidenciales | Includes online resources and index.

Identifiers: ISBN 9781098265175 (lib.bdg.) | ISBN 9781098265755 (ebook)

Subjects: LCSH: Birds--Juvenile literature. | Pets--Juvenile literature. | Presidents--Juvenile literature. | Presidents' pets--United States--Juvenile literature. | Spanish language materials--Juvenile literature.

Classification: DDC 973--dc23

Contenido

Las aves de
los presidentes 4

Más mascotas
presidenciales 22

Glosario 23

Índice 24

Código Abdo Kids . . .24

Las aves de los presidentes

Casi todos los presidentes de Estados Unidos han tenido mascotas. ¡Algunos han tenido aves!

La familia del presidente Washington tuvo muchas aves. ¡A Marta le encantaba su **loro** verde!

El presidente Thomas Jefferson tuvo muchos sinsontes. Uno se posaba en su hombro mientras trabajaba.

La familia del presidente Madison tuvo un **loro** que llamaron Polly. Sobrevivió el incendio de 1814 en la Casa Blanca.

Dolley James

La familia del presidente Buchanan tuvo dos águilas calvas. Estaban sueltas pero nunca se escaparon.

James Buchanan

El presidente Rutherford B. Hayes tuvo cuatro canarios. A Lucy Hayes le encantaba su canto.

Rutherford y
Lucy Hayes

15

La familia del presidente Roosevelt tuvo un **guacamayo azul**, se llamaba Eli.

El presidente Calvin Coolidge tuvo un ganso que se llamaba Enoch. Fue un regalo. ¡Un día salió volando y no volvió!

Calvin Coolidge

El presidente Lyndon B. Johnson tuvo un par de periquitos. Él fue el último en la Casa Blanca en tener una mascota de la familia de los **loros**.

Más mascotas presidenciales

Andrew Jackson
Poll • Loro gris

John Tyler
Johnny Ty • Canario

William McKinley
Washington Post • Loro real amazónico

Dwight D. Eisenhower
Gabby • Periquito

Glosario

guacamayo azul
ave grande y muy colorida, de la familia de los loros. Proveniente del centro y este de Sudamérica.

loro
ave tropical con plumas de colores llamativos y pico corto y curvo. Existen casi 400 especies de loro en el mundo.

Índice

águila calva 12

canario 14

Coolidge, Calvin 18

familia Buchanan, la 12

familia Madison, la 10

familia Washington, la 6

ganso 18

guacamayo azul 16

Hayes, Rutherford B. 14

Jefferson, Thomas 8

Johnson, Lyndon B. 20

loro 6, 10, 16, 20

periquito 20

Roosevelt, Theodore 16

sinsonte 8

¡Visita nuestra página **abdokids.com** y usa este código para tener acceso a juegos, manualidades, videos y mucho más!

Los recursos de internet están en inglés.

Usa este código Abdo Kids

PBK9230

¡o escanea este código QR!